AF280766

AMANECE VERDE
Y TENGO
LOS OJOS NEGROS

ExLibric

LUNA SENTÍO

AMANECE VERDE
Y TENGO
LOS OJOS NEGROS

EXLIBRIC

ANTEQUERA 2025

AMANECE VERDE
© Luna Sentío
Diseño de portada: Dpto. de Diseño Gráfico Exlibric

Iª edición

© ExLibric, 2025.

Editado por: ExLibric
c/ Cueva de Viera, 2, Local 3
Centro Negocios CADI
29200 Antequera (Málaga)
Teléfono: 952 70 60 04
Fax: 952 84 55 03
Correo electrónico: exlibric@exlibric.com
Internet: www.exlibric.com

Reservados todos los derechos de publicación en cualquier idioma.

Cualquier forma de reproducción, distribución, comunicación pública o transformación de esta obra solo puede ser realizada con la autorización de sus titulares, salvo excepción prevista por la ley. Diríjase a CEDRO (Centro Español de Derechos Reprográficos) si necesita fotocopiar o escanear algún fragmento de esta obra (www.cedro.org).

Según el Código Penal, el contenido está protegido por la ley vigente que establece penas de prisión y/o multas a quienes intencionadamente reprodujeren o plagiaren, en todo o en parte, una obra literaria, artística o científica.

ISBN: 979-13-87707-38-5
Depósito Legal: MA 632-2025

Impresión: PODiPrint
Impreso en Andalucía – España

Nota de la editorial: ExLibric pertenece a Innovación y Cualificación S. L.

LUNA SENTÍO

AMANECE VERDE
Y TENGO
LOS OJOS NEGROS

Para todos aquellos que me salvaron la vida.

Índice

LA DEL AMOR

Con tres heridas yo:
la de la vida,
la de la muerte,
la del amor.

«Llegó con tres heridas»
MIGUEL HERNÁNDEZ

Mirarte en verso

Dicen que el corazón duele cuando la mente no alcanza y yo digo que no existe dolor, sino memoria, cuando algo te marca. Y es así como Luna Sentío nos atrapa en este poemario con sus tres heridas: la de la vida, la de la muerte y la del amor.

Como una primera mirada de ojos verdes que cruza mares, tierras y mundos para volarte la cabeza, como si se tratase de un Boeing 747 dispuesto a aterrizar sobre el lugar más mágico del planeta, como el atardecer de cualquier mes de primavera.

Llénate de flores con cada uno de sus poemas y atrévete a ir despacio y sentirlo como tuyo. Deja paso al corazón, porque estoy segura de que las heridas se curarán solas con el bálsamo de sus letras y otras cuantas se abrirán al recordar que el único ciclo de la vida es el que tú, como lector, construyes día a día.

No dejemos de lado la herida de la muerte, ese miedo atroz que a todo ser humano nubla la vista, una ceguera inmune que toca uno de los sentidos más bellos llamado vida.

No tengas miedo al frío, que los inviernos siempre han existido, y es así como en cada paso a su lado he vivido. Bien lo sabe la Plaza Mayor y el mismo Retiro, que las certezas son la fuerza de todo destino.

Este conjunto de poemas son los pilares fundamentales de cualquier ser humano y así es como lo he soñado, como la luna entre sus pasos nos entrega estas letras con su más *Sentío* abrazo:

Alba Belén Hermosilla González

La vida tiene sus heridas, quizá,
para no dar importancia a ciertas cosas,
sino para valorarla solo a ella.

La vida y la muerte van siempre cogidas de la mano,
el amor las sujeta.

LA DE LA VIDA

Vivir para morir de vez en cuando

LUCES DE UN LATIDO

Amanece temprano en la memoria,
dibujando el alba mientras yo callo,
sutileza que en sus campos batallo,
paseaban la nobleza y su gloria.

Jugaba el corazón prendiendo lluvia,
retozando el músculo, a la piel fallo,
acusante dolor fue mi vasallo,
menguante a desaparecer mi historia.

La niebla oscura plenitud dejaba,
inquietud para un latido sangriento,
la tierra recuerdos me aprisionaba.

Luces de un latido enterrado aumento,
salvaron la sonrisa que guardaba,
cobardía de la muerte al sentimiento.

PASEA LA MAÑANA

Desnuda la piel entre las grietas del asfalto,
las calles han crecido ante el cruce
de mis cortos pasos.
Pasea la mañana desnudando al sol,
abriendo la ventana al cantar de los pájaros.
La brisa acaricia al viento,
sonriendo una lágrima sostengo
por cada latido de mi corazón.

FUERZA DE UN VACÍO

Acuso al tiempo débil de olvido,
horas de arena sin sol desnudé,
entre nébulas de un viejo café
mutilo a sorbos al creciente suspiro.

Ocaso encendido de arrugada niebla,
crepúsculo fiel a este llover,
lluvia incesante de la tierra,
sepulcro vivo de mi vientre.

Tímida avanzo en el peregrinar de un vacío,
el albedo ruge cosido,
esperando una tarde sedienta,
arrastrando conmigo fuerza y quejido.

El sol pelea con los granos de arena,
así paso la noche atascada,
lluvia que avanzo con ganas hasta que florezcan,
sonriendo hasta alcanzar de nuevo el alba.

ALGÚN DÍA

Algún día,
cuando las hojas caídas
levanten su vuelo,
el rocío se convierta en mariposa
y los días se hagan largos.

Algún día,
cuando habite la soledad perdida
entre los ojales desnudos del tiempo huérfano.

Algún día,
cuando no haya sospechas ni muros
en las puertas de los intentos
de aquellos que no fueron
en ese despertar desierto.

Ese día,
crisálida será la noche
con su luna y sus desvelos.

Nuevo despertar

Me gustan cómo duermen los cerezos,
cómo despiertan las alondras,
cómo ruge el mar con sus olas,
la luna embelleciendo los poemas.

Ya no habrá versos tristes
ni con ellos sus tristezas,
el silencio se mudó de hogar,
cincelo los filos que trae la soledad.

He limpiado los vicios solapando la verdad,
que el ayer no interfiera,
que nazca un nuevo día,
que la vida es un nuevo despertar.

GRITA DESDE EL SILENCIO

Ha dejado dormir a los árboles
en el trigo hambriento de su vientre.
Embaraza la siembra de perjuicios
de la tierra que la miente.

Son otros que la gobiernan
a los que ella demanda,
que su grito quedó mudo
sin el eco de su espalda.

Quién sabe si llora el cerezo
o si crece la cebada,
si ella se encuentra sola
y a nadie reclama.

No te hablaré del suicidio de sus lágrimas,
de su tormentosa caída,
aun viéndola, nadie dice nada.
Ella —calla, calla, calla—.
Yo —grito, grito, grito—.
Quiero que sepan que se encuentra sola
cuando sacude el alba.

ME HE PARADO A MIRARTE

Me he parado a mirarte.
Ya no estaba tu cuerpo fruncido
en la fría parada, no pretendía molestarte,
ni ser la sombra del dolor abatido.

El suelo yace desnudo de indicios,
ribete el agua de unas manos que aparecieron.

Posabas tinieblas de olvido,
velada de párpados fingidos,
tiempo que se acortaba inocular, desfallecido.

Te miro en el espacio medido sonoro
del tiempo que no te he buscado,
no podía mirarte, mirar tus ojos
con el dolor de tu imagen.

Hoy me he parado quebrada, con la voz entre cristales,
en el mismo lugar donde te dejé,
ver tu silueta allí tendida, sabiendo que era yo
quien estaba desfallecida.

Aquí estoy compartiendo vida,
vida que me llena el alma para poder seguir viviendo.

Ahora te miro, hablamos despacio e incluso en silencio,
celeridad pausada ante el verdor de tu mirada,
me sonríes al mirarte y ya no muero.

Eres mi fuerza, mi aliento para trazar mi sendero.

Me cuidas, te cuido,
siempre juntas viviremos cogidas de la mano,
el amor nos sujeta cogido entre sus brazos.

REZO AL MAR

Rezo al mar que me meza
en el faro de su luz,
ser viento que azote
las turbias aguas
del revuelo de mis olas.
Cristalinos sean mis pasos desnudos,
azarosa niebla que no despido
tallando sucio mis ojos.
Rompió el mar las olas
que escondían mi refugio.

DÉJAME SANGRAR

Déjame sangrar mi dolor
ante la cura absurda de las prisas.
Deja mi herida abierta
hasta que la pena sepa
que no soy suya.
Déjame que mi río rece
ante el recuerdo, mi penumbra.
Déjame que despacio
iré deprisa,
cuando mis ojos descubran
que, de nuevo, brota mi sonrisa.

LA VIDA ES ESTO

La vida es esto, y lo otro,
lo que pasó y lo que está por venir.
Es una hoja caída
y un árbol sin raíz,
es una espina clavada
y una rosa sin jardín.

La vida tropieza y no deja de salir,
el pasado ocupa un cuarto de marzo
y un trozo de abril,
se sostiene de esperanza,
del capricho de vivir.

La vida es esto, y lo otro,
lo que pasó y lo que está por venir.
Es rostro de agua,
arroyo por donde fluir,
es manantial de mirada,
ojos de cielo, plenitud al sonreír.

Es el recuerdo tatuado en las venas,
es un martillo clavando un cuadro,
es la cornisa suicida que se sostiene al escribir,
ella es todo eso, por eso la quiero vivir.

HILOS DE SANGRE

Queda el hilo de la sangre,
arteria profunda de bienestar.
El abrazo, a veces, sin medida,
la mirada perdida cómplice de soledad,
el aliento de lo expuesto,
las palabras al callar,
la belleza a un nuevo despertar.
Todo lo de alrededor son meros
figurantes en movimiento,
un *Matrix* sin futuro ni realidad.

ELLA ES SEPTIEMBRE

Ha brotado septiembre sobre la hoja del papel,
raíces absorbiendo el agua de la piel,
preñado perfil que adorna la hoja,
empeñada doblez en ser siempre fiel.

Ella es septiembre,
porta los ocres en sus manos,
dilata las horas que sus pupilas van dejando.

Vive perenne en el cuerpo de la rama,
beso enredado de la noche,
se detiene el alba al acariciarla.

Su perfume, petricor de anhelos,
de lluvias secas en el suelo,
viste de hojarasca la indolencia de su credo.

Ella es septiembre,
primavera de otoños, veranos para la mente,
inviernos sacudiendo su frente.

Septiembre la busca indómita,
creencia que desfallezca sin verlo,
ella es plegaria, ángel, sin pretender serlo,
celestial su corazón atado musita.

Ella es septiembre,
es abrazo zurciendo el llanto,
hilvana costuras en los bordes de su costado.

NO CASTIGO A NADIE

No castigo a nadie,
ni nadie es bendecido,
de las gentes solo creo
aquello que he vivido.

Nadie es rey, ni credo,
ni burgués, ni mendigo,
no confío en nadie,
a nadie le soy testigo.

Las madrugadas guardan
mi lecho como amigo,
que los amigos no están
si en tinieblas has vivido.

Déjenme descansar aquellos
que han mentido,
de la vida escapé
a salvarme del enemigo.

LA VIDA PASA

Dejé mi futuro en tus manos,
en el meridiano exacto de tus ojos,
inclinada como fiel sirvienta
ante el inesperado antojo.

Ahora me pregunto
dónde estaba
cuando soñé que el sueño me velaba.

«La vida pasa
escondida entre las sombras
—recital de espejos que alumbran la mirada—»,
me dije escondida reflejada
en una trampa.

Ven, mi niña, que la lluvia ya escampa,
que la tristeza es pobre
y el hombre se levanta.

Así envejezco con la mirada opaca,
con la arruga bella,
con una bella estampa.

Escapo del aire

El viento me secuestra
con sus alas de río,
el agua gime
y yo, dormida,
el águila me atrapa.
Escapo del aire,
del pasado y sus garras.
Esta historia mía que sopla aliento
y ganas
calla las alas de los fantasmas.

No sé nada de la vida

No sé nada de la vida,
de ella aprendo en cada paso,
no me preocupan los fracasos,
ella se encarga de mis heridas.

Es un potrillo desnudo que brilla,
fue potrillo antes que fraile,
fraude de esta vida que la venden,
siendo lo más grande.

No sé nada de la vida,
camina deprisa y no se detiene ante nadie,
es tiempo lejano el camino que ya no vuelve.

Duermo con la conciencia clara
y el pensamiento para mirarme
de esta estrecha vida que nos cabalga,
comulga cada día el sol para llamarme.

MUSICAL ES SU JUEGO

Tiene la vida color en su encanto,
acorde juglar en su piel morena,
musical es su juego, dulce suena,
campo verde decorando su canto.

Zurce a la pena y al dolor en su llanto,
la esperanza la mantiene serena,
quiebra la raíz al no tener condena,
nace sin pudor el sol entretanto.

Caricia que acoge al amor ahogado,
talla sin prisas al ritmo que ostenta,
brillo dorado alejando al enfado.

No muere al adiós con su voz hambrienta,
persigue al sueño fiel que no ha quebrado,
ella es vida, siempre ella se reinventa.

LA DE LA MUERTE

Me sorprendió la muerte
en el tiempo que vivía

HE SOÑADO

He soñado viendo morir mis ojos,
claros de juventud retozan yermo,
mojados entre su oscuridad duermo,
escarpados a encerrar con anteojos.

Esculpo tibia luz entre rastrojos,
desgranando orfandad de sangre, enfermo,
duermevela sin conciencia entreduermo,
resquicios que ayer reflejaban flojos.

Sea este soneto, en su término, luna,
noches tibias de aguacero sin lucha,
eficaz la espera como vacuna.

Sanó veloz el corazón que escucha
al filo del fino hilo que importuna,
quiebra la voz, mi sueño se encapucha.

MANO QUE SUELTAS

Necesidad tuve en visitarte.
Yaces dormido,
como aquel día último
cuando nos dejaste.

Unas lágrimas lisonjas
brotan sobre mis mejillas,
tornan para orarte,
el índice de tu dedo se posa
para acariciarme,
sentirte en la sombra
como poema a su lira.

Tu mano me tendiste,
armiño me presentiste,
tan pronto te diste cuenta
tiorbas ya no cantabas,
con una sonrisa en tus labios
tu mano me soltaba.

De la tierra el fuego,
del fuego la arena,
de la arena el agua,
del agua a la tierra.

Supervivencia émula,
castigo que no quedé
fue el brillo de tus ojos,

los que saciaron mi sed.

Te he contado tantas cosas
que me quedan por hacer,
que sin pretender contarte
todas te las conté.

Ébano la caricia, piola de tu ser,
siendo la niña de tus ojos
que acunabas aquel ayer,
reflejo de tu orgullo,
sayal para tu piel.

Cicatriz de la victoria

Como si ya no quedaran más viernes,
he tropezado con la esquina de la muerte.
He despertado al pájaro cantor de la memoria,
ladra como un perro hambriento,
vagabundo con pulgas de recuerdo.

La calle llora al paseo de aquel triste bolero,
las notas se fugaron en el furgón del tiempo.

Ahora solo queda el tropiezo del pasado,
canta aullando otro viernes,
tallando cruelmente la cicatriz de la victoria.

AMANECE VERDE Y TENGO LOS OJOS NEGROS

Amanece verde y tengo los ojos negros,
encerradas en mi boca las palabras se pierden,
la lluvia tiembla, el viento se muere,
el agua muerde los campos
con la bruma negra y el sol blanco.

El mar se tiñe de negro, la aurora interfiere,
la mirada desnuda se resguarda sobre mi pecho,
se diluye la sangre que mi piel sostiene.

Amanece verde y tengo los ojos negros,
amalgama de sentimientos cruzan
las venas de una muerte.

Negro es el aire cuando siento su verdor,
llueve sobre el agua de mis huellas,
dejando el arrecife de su color.

Verdes mis ojos quisiera tenerlos,
verdes como los amaneceres,
sueño desterrando a la niebla,
pausando a las arreboladas mejillas.
El tiempo es el mar, siendo yo su orilla.

UNO SE PUEDE MORIR DE...

Uno se puede morir
de ilusión,
de esperanza,
de dolor,
de tristeza,
de angustia,
de soledad,
de silencio,
de incomprensión,
de traición,
de desamor…

… El corazón continúa latiendo.

UNA MAÑANA CUALQUIERA

Se ha abierto la ventana
una mañana cualquiera de marzo,
los almendros brotan
siendo las yemas tus dedos blancos.

Germinan las flores frente a tu primavera,
eres la mirada más bonita,
mirando al horizonte contagiado de flaqueza,
presagio de una maldición maldita.

Hablas, y el almendro te recuerda.
Musitas: «Esta no es mi tierra.
¿Quién es? ¿Quién por mí recuerda?».
El recuerdo estrellado queda
en la memoria de tu piel bella.

Se ha abierto la ventana
una mañana cualquiera,
el almendro recita poemas,
mesándote el cabello le cantas,
pero tú ya no recuerdas.

CEGUERA

Cura esta ceguera,
manto ebrio de los labios,
enjuaga la dicha de poder ver las estrellas.

Ceguera que mece
las olas entre las manos,
se escapan las pestañas
entre días nublados.

Es el signo de la duda,
dosier de páginas en blanco,
certeza que inunda,
braille que dibuja la espera.

Fueron tinta los ojos,
sombra de un libro que leyó,
arcoíris castrado, imbuida de color.

NIDOS ENJAULADOS

Trasiego alcohólico de los nidos
que cantan en la noche,
juventud de cabello blanco
y vejez arrítmica,
acostumbra la jaula vencida
al pájaro a no volar.

CANSADOS DE BRILLAR

Camino entre la oscuridad de las sombras,
con los ojos hundidos, cansados de brillar,
de la luz que oscurece mi nombre,
con un caminar que pronto terminará.

Camino entre tinieblas con las manos abiertas
y los ojos a medio cerrar.

Hablo contigo, silencio de la soledad,
cruzo el umbral de mi destino,
callada, causante de la desdicha,
perdiéndome en el abismo sumiso de mi yo.

Me retiro con lluvia entre los párpados,
relámpagos en los ojos de quien dejé
en la oscuridad de las pupilas.

PALABRAS QUE NO PUDIERON SALVARLA

Pasea la tarde sola entre gentes caminando,
mientras sujeta las grietas que va dejando el asfalto.
Sabe que anda sola la pena que no sujeta,
que las calles tienen nombre y ella quedó huérfana.

En el umbral de la palabra yace el suicidio de la soledad,
mece el mar su destino dentro de su profundidad.
Ella grita a los cuatro vientos, como muerden las palabras
del silencio de una hora, y otra hora sin piedad.

Parece una locura la cura que mece su viento,
su espejo la llama pájaro, y libertad no encuentra.
Que sus delirios son grandes y pequeñas sus grandezas,
el espejo le miente, pero ella no se da cuenta.

No la ama nadie ni nadie la echará en cuenta.
Un día se la llevó el mar recitando poemas,
entre letras quedaron las olas
con el mar y su pena.

No es importante

No es importante que recuerdes
mi nombre, ni el color de mi cabello,
ni el ancho de mi frente.

No es importante que recuerdes
la cadencia de mi voz,
ni el talle de mi cintura,
ni mi número de la suerte.

No es importante que recuerdes
cuánto amé la vida,
ni tampoco los sueños que en ella dejé.

No es importante que recuerdes
el día de mi muerte.
Lo importante solo es
que de mí te acuerdes.

Profunda oscuridad

Señor,
he mirado mis turbias aguas,
son oscuras como el alquitrán.
Cuídame de los miedos,
no me otorgues el importuno
de mis pensamientos.
Quítame el velo ocioso,
hollín de mi cabecera
a esta profunda oscuridad.
No me dejes a solas con el viento
y con este tenebroso despertar.

Quién pudiera detener al río

Con tu pañuelo de seda
te acercas hasta el río,
con tu pañuelo de seda
blanco y florido.

Qué tienes que ya no sonríes,
que la gracia de tus labios
con el agua se ha perdido.
¿Es que acaso se la llevó el río?

Es lluvia, tu nombre reflejo del agua
cuando te miras, las células de la corriente
se disfrazan de olvido.

Se mutan entre ellas persiguiendo a la muerte,
presagio que se confina si la presa se detiene.
¡Ay, río, quién pudiera detener la corriente!,
que la corriente nos lleva
como si fuéramos agua del río.

Con tu pañuelo de seda
te acercas hasta el río,
con tu pañuelo de seda
blanco y florido.

VIENTRE SECO

Varado quedó el tiempo,
floreciendo y no alumbró
los soles del trasiego
de una cuna que no durmió.
Injerto caudal de ríos
—llanto de niño—,
ímprobo murió,
vientre seco,
pétalos de incienso,
ciprés desierto de rosas,
senos de arena,
fuego de aire,
parto de mis adentros.
Matriz, placenta oscura,
viejo reloj que no fecundó,
las horas gritan al pecho
—no amamantas boca alguna—.
Muere la sed del hombre al ser descubierto,
estéril hoja de un viejo cuaderno.
Lascivo vientre de lluvia,
agua seca tal cual la luna,
vieja soledad que no alumbra,
hostil viaje, parto, carne de espinas.

Un adiós sin anunciar

Se levantó sombreado el día,
no cambia su espesura al de ayer,
ni mañana cambiará la bruma,
ni será colorido su amanecer.
Difuminados pasos de inquietud y torpeza,
orfandad de movimientos
expuestos a la luz.
Nunca diré que el despertar de un día
será un adiós para nunca volver.

BULEVAR

Se anuncia la muerte en el bulevar
en sus horas del arrebol manso,
la flor que encierra sus besos
entre la triste nicotina de unos labios.
Esconde su miedo, su furia, su asco,
entre el encaje de su sexo,
diluyendo el *whisky*
en falsos orgasmos.
Está cubierto su cuerpo
por manos con el color del dinero,
entrega a un falso crupier
con noches de estafa y celos,
nunca sale el rojo, siempre gana el negro.
Mueren los versos en flor
en la esquina un bulevar
con mujeres dentro

COTROSO

Silencio de buitres trasiego traigo
en el lodo de las palabras, triste,
fiel a su piel, cotroso[1] amante fuiste,
de esperanzas resquebrajadas caigo.

Pies tallados navegan desarraigo,
pasado de yunque en saco cubriste,
monedas percibes, tenues perdiste,
arrugas entre sus labios distraigo.

Ya no llora, ya llora en su guarida,
sucumbe al vino y su escarchada piel.
¡Oh, esperanza rota de luna herida!

Miradas colmenas que sangran hiel,
susurrándole al cotroso intimida,
malvive en la calle siéndole fiel.

---

1 Persona sucia, desaseada.

LA DEL AMOR

Ella dormía en su penumbra
él la dejó soñar

SED DOBLADA

Te has dado cuenta de que ya no hablamos,
tenemos la mirada ensombrecida,
voz entrecortada, sola y homicida,
entre espejos diluidos nos contamos.

Saludos muertos, dolor que aceptamos,
queda la sed doblada y entristecida,
siendo la mano quebrada y suicida,
el sol no treme cuando nos besamos.

Esculpen tallos secos las espinas,
arado camino se fue dejando,
lo nuestro ya no es nuestro, no adivinas.

No brota nuestro eco, se fue apagando,
no hay fuego ni cenizas asesinas,
fuimos cuerpos que se fueron matando.

ME HE IDO

Me he ido,
he despejado la duda que mis manos llevaban,
me he ido entrecortando recuerdos,
atenazando la garganta,
quebrando al respirar sempiterno.

Me he ido,
dejando la puerta entreabierta
por si te llueven piedras en el camino,
me he ido sabiendo el dolor que nos hicimos,
intentando sujetar aquello que vivimos.

Me he ido,
sujetando las lágrimas,
sopesando la pena del tú y yo movedizo,
me he ido porque no esperaba que volvieras,
me he ido sin esperar a que vuelvas,
que te quedes con el recuerdo de lo vivido,
la gracia de lo inmenso que con este amor fuimos.

QUE NO FALLEZCA

Ya no encuentro los versos
que en mis cartas te escribía,
te encuentro con la mirada triste
pensando en lo que vendría.

Estoy feliz al tenerte, tenerte, vida mía,
eres salvo y cruz, luna que cuida mis días.

Son las palabras calladas aquellas de alegoría
que tornan los «te quiero» en todas sus melodías.

Que no fallezcan las miradas,
que no queden dormidas,
más doloridos que tristes
se convertirían los días.

ESTARÉ AQUÍ

Estaré aquí,
no para secarte las lágrimas
—ellas deben ser libres
como los sueños y las nostalgias—.

Estaré para el abrazo sin miedo,
como viento sin medida ni tiempo,
para callar al desamor y los días muertos.

Estaré aquí por si me necesitas,
para sentarme frente a tu alma,
para abrazar al dolor que callas,
cuando llores y ya no salgan lágrimas.

Deja

Deja entre líneas secretos guardados,
deja el amor escondido en el armario,
en el último cajón del olvido,
entre sedas azules y encajes amarillos.

Deja ilusiones torcidas,
aciertos y mentiras,
deja al corazón desnudo
y al alma vestida.

Deja alguna lágrima violando
al enemigo de la realidad,
deja la distancia en sacudida
y algún que otro verano de soledad.

OTOÑO DE AMOR

Viene el otoño arrastrando
con la sombra tras la piel,
camina sus días tristes
si no le hablo de él.

Septiembre
—sorbo de su café—,
sus labios bebieron calma,
de su sed me alimenté.

Espérame en el abril de tu ventana,
que al otoño calmaré
entre versos de nostalgias,
una rosa y un clavel.

Dime —si hoy luce el sol igual que ayer,
que la luna ya nos llama
«los amantes de Teruel»—,
si este amor no muere,
yo contigo moriré.

TE HAS QUEDADO

Te has quedado atrapado entre los surcos de mi voz,
he besado al antojo entregado de la memoria,
te busco con los ojos claros del mar.

Se han quebrado ramas en la raíz del cuerpo,
tu nombre se esconde entre el perfume
que las flores guardan.

Grito como un niño asustado entre la niebla,
como el mar enfurecido por sus olas.
A veces, también callo para no entorpecer al silencio
por si pudiera asustarte y así te perdieras.

He acostumbrado a mi calma a que ya no volverás,
parecía tan de verdad que hasta el tiempo se detuvo
sin querer echar la vista atrás.

Soy el verso herido que muere junto a tu boca,
frágil cristal que rompieron en pedazos las palabras
que se quedaron sin respuestas.

El primer lunes del mundo

Me enamoré de tus sueños,
y los míos despertaron
como primer lunes del mundo.
Dos palabras y un silencio escondido
alzaron mi voz.
Eras la ilusión que calmaba mi ceguera,
callé y me hice silencio
para que otros dijeran.
Te tuve tan lejos,
te sentía tan cerca,
tallo los ojos de la memoria
siendo amargo un martes cualquiera.
Sané con ternura y paciencia
las heridas que tu corazón traía,
aun sin esperar que tu amor por otra
con tanto amor la esperarías.

QUIZÁ

Quizá no debí preguntar,
quizá debí preguntar antes,
quizá no debiste volver,
quizá no debí haber vuelto,
quizá me quisiste a tu modo,
quizá no debí quererte tanto,
quizá solo era que no estábamos hechos para que este amor
se viviera y poder vivirlo juntos.

Quizá…

QUISE DETENER AL RÍO

Quise detener al río,
pensando que sus aguas me querían,
sin pensar que entre mis dedos
sus aguas fluían.

Quise detener al río
entre musgos de poesía,
siendo afluente el verso
su amor me pertenecía.

Quise detener al río,
sabiendo que sus aguas se irían,
quedó varado el tiempo
entre su noche y mi día.

Quise detener al río,
sabiendo que el amor se hundiría.

Quiero con usted

Quiero con usted
un domingo de campo,
el césped susurrando descalzo
y un mantel fino de cuadros.

Que el vino repose
en el respaldo de sus brazos,
la humedad lleve la fruta santiguada
de sus labios.

Quiero con usted
pasear a los pájaros,
ser agua de su nombre,
su voz y su canto.

ÚLTIMA CARTA

Querido Amor:
No lo tomes como una triste despedida,
no resulta fácil explicarte,
después de esta sed de tiempo que nos concedimos,
que con oníricos sueños este amor reconstruimos,
pero he de alejarme antes de que sea más tarde,
antes de que con mis indelebles circunstancias cargues.
Hoy, un día de tantos cuando te extraño,
sea un lunes de invierno
o un verano de sábados,
te cubro con el halo de mi sonrisa
y aquellas elocuentes palabras
que algunas perdidas en el aire quedaron.
Te resultará arduo aceptarlo
por la vehemencia de mis actos,
con la quietud con la que te hablo.
No te recitaré las lágrimas derramadas
de este causante e infame corazón.
Este amor inconcluso que merecía otro final,
a este amor le ruego, le pido,
le suplico que te cuide
por siempre en la eternidad.

PERMÍTEME

Permíteme permanecer a tu lado
cuando en ocasiones mi frágil pensamiento
riega la conciencia y me marcho.

Intervalo perdido que acusa el tiempo
de tanto en tanto.

Memoria candente
que no soporta el frío,
fingiendo la fría ausencia de un abrazo,
regando la soledad de mi vientre.

Permíteme permanecer a tu lado,
cuando te extrañe en el vacío
que sostienen mis manos.

YA NO TE SIENTO

Se me ha hecho tarde esta mañana,
ya no te pienso como antes,
disculpa si mis letras no hablan de amor
ni el corazón se me sale.

Las horas no recuerdan nuestros tiempos,
el tuyo me defraudó,
y yo continúo viviendo.

No se trata de ofenderte,
simplemente es que ya no te siento.

FALTÓ VERDAD

Faltó verdad y sobraron dudas
en el laberinto de las palabras,
no sé cómo acusarme o acusar
a esta inquietante y solitaria verdad.

Me despido con la dignidad del confesante,
con el cielo gris del que no sabe santiguarse.

Faltó verdad y sobraron excusas,
piedad que quizá no tuve,
como piedad no tuviste ni razón alguna.

Me despido sin el adiós, sin despedida ninguna,
que perdone el Señor a quien con amor
se creó la duda.

ERES

Eres humo del cigarro apagado,
sed para el borracho hambriento,
cuerda sin guitarra de notas extraviadas
llenas de silencio.

Eres timón sin barco con la vela pausada,
eres asfalto blanco y tejados de pizarra,
eres cielo sin techo ni aceras pisadas.

Eres y te busco
entre mi noche estrellada,
eres el susurro muerto que habita entre mis sábanas,
abrazo a la noche para que te quedes
y no te vayas.

Soy el viento que no te alcanza.

SENTIRSE VIVO

Qué tendrá el amor que cuando amas pierdes
la razón, deseo que se nos eleva,
manifestando al pecado como Eva,
de un palpitar excitado que muerdes.

Sentirse vivo arrullando los verdes,
caricia que navega fiel se lleva,
levita amor, el amor se renueva,
salvaje paisaje de piel recuerdes.

Ardiente deseo lasciva la noche,
quién no sé ha enamorado de la luna,
caricia de mirada y su derroche.

El sol transpira destellos que acuna,
aliento que asoma en la medianoche,
claridad ostento, siendo fortuna.

Tengo la libertad del recuerdo y la prisa de la memoria.

Herida a la dignidad

Quedo mirando a través de la ventana. Observo jugar a unos niños que despiertan mi curiosidad. Me pregunto: «¿Serán felices de verdad?». Los vigilo declinada en el tiempo, ese tiempo de latas perdidas entre el estercolero de gentes con corbata, cobardes, que sin poderlo disfrutar tantos niños como simulacro a tanta felicidad vendida.

Siento que los míos no pudieron jugar el tiempo que debieron. Su inhóspito parque fueron las calles de la gran ciudad. Disfrazados con camisetas rojas iban jugando a ganar a una multinacional.

Recuerdo, en esta regresión del tiempo, tanto dolor y malestar causados por unos corruptos que nos quisieron matar, vendiéndose a otros tantos, dejándonos en la calle sin trabajo, sin piedad. Mientras tanto, nuestros hijos dibujaban pancartas de boicot para salvar a papá. Ellos continuaban vendiendo su aparente felicidad.

Hoy te respondo, entre los vidrios de tu espuma callada y arrogante, a ese gran dolor que nos causaste con una felicidad pusilánime que se vende embotellada de atropellos y falsedades.

Cuánto te enseña la vida a vestir la realidad, desnudando la mentira a gritos para que nos pudieran escuchar. No éramos nada ni nadie, pero fuimos David venciendo a Goliat. No éramos visibles ante tanta felicidad, tan solo nos mostraron cuando a la Policía teníamos detrás.

Medios de comunicación estaban comprados: prensa, radio, qué más da, si el dinero compra lo que vendido ya está. Lo que no sabían es que la lucha tiene tan solo una verdad: el tiempo es lo único que no se puede comprar.

Nosotros, esos pequeños consumidores, dijimos: «¡La guerra acaba de empezar!». No dejábamos de bramar. Publicamos un libro y grabamos un documental. Pasamos por los Goya, nos detuvimos en un partido de fútbol en su gran final, La Caja Mágica nos presentó a Nadal, quien tuvo que parar su partido al no poderse concentrar. Sintiéndolo mucho, ahí tuvimos que estar.

Fueron seis años de juicios, sentencias y malestar. Ahí aguantamos desgastados ante el declive que nuestros cuerpos y mentes iban arrastrando, sobrevivir ante tanta adversidad.

¿Hoy somos felices? No creo en la felicidad, creo en la lucha entre iguales para poderla alcanzar, del que no tiene nada y poco le pueden quitar, sumando injusticias lo hemos de llegar a lograr.

El tiempo ha pasado y hemos dejado muchas cosas atrás. Las malas se fueron, los peores momentos grabados están. Quedo mirando a través de la ventana, y veo a unos niños jugar llenos de felicidad. Eso es lo que imagino, ojalá que sea verdad.

Epílogo

Cuánto de verdad hay en un poema, cuánto de verdad hay en mis escritos. Como dijo el poeta José Luis Gómez Toré, «el poema no nace de la nada, pero no es un mero reflejo de lo vivido».

He pretendido navegar en sus aguas, a veces, de un mar revuelto hasta poder alcanzar su orilla y desembocar los versos en distintas vertientes. Tales como grandes poetas, me han sido de gran inspiración para concluir este conjunto de heridas que la propia vida nos acerca y trae consigo. Cuáles, se preguntarán, es un ejercicio para usted como lector, siempre y cuando le apetezca remover las olas y retroceder en las aguas de este libro. Una cosa sí les diré: Miguel Hernández ha sido el capitán de este barco.

Qué nos sugiere o a quién nos acerca, por ejemplo, cualquier soneto en sus heridas. Qué me inspiró Federico García Lorca en *Yerma,* o incluso la mismísima Alejandra Pizarnik en «El despertar»; Antonio Machado en «Mi corazón se ha dormido»; o, de nuevo, Miguel Hernández, quien con su poema «Llueve. Los ojos se ahondan» sería a quien redescubrí después de ponerle título a mi obra y suscitar un nuevo poema. Estos son solo algunos ejemplos a citar.

Distintas fuentes de vida y muerte me acercaron al amor que traigo y les comparto a ustedes con el propósito de que vivan y mueran si así lo desean, para curar también sus heridas, si es que las tienen, heridas que dejan esa cicatriz para recordar que son necesarias para valorarla, ser mejores personas y aprender que, sin esperar a la muerte, llegará cuando nos toque. Mientras tanto, démosle una bienvenida cada día, haya sol o nieve, siempre con amor y una sonrisa.

Agradecimientos

A mi marido y a mis hijos, que tanto esfuerzo, paciencia y dedicación han empleado en mí.

Son muchas las personas que, a lo largo de mi vida, familia y amigos conviven en un solo pensamiento; el sentimiento que el amor y el cariño nos acercan.

Se necesita ser escuchados, ser comprendidos, ser aceptados, ser humanos con virtudes y defectos.

Tuve la gran suerte, la dicha de encontrar en mi vida una persona, una amiga, un ángel; cuerpo atlético, manos duras, dedos finos para la escritura, mente privilegiada y con un corazón que el pecho se desborda cada vez que te susurra.

Solo podía ser ella, quien en este poemario pudiese poner sus letras, un prólogo que sin tiempo ni espera me brindó el mejor de sus poemas.

Agradecerte en vida y en mi futura muerte, del amor que nos profesa el sentimiento más puro pintado en letras.

Te abrazo fuerte, Alba.